Aufklärung

Jungen und Mädchen

Sex
Verhütung
Geschlechtskrankheiten

Schwangerschaft

Copyright 2018 beim

Autor: Friedhelm Schutt

Herstellung und Verlag:

BOD - Books on Demand, Norderstedt
ISBN: **9783752858235**

2

3

Inhaltsverzeichnis:

Einleitung

Entwicklungsgeschichte und Analogien im Tierreich

Anatomische und hormonelle Veränderungen

bei Jungen

Testosteron, Behaarung, Körperbau, Verhalten, dunklere Hautpartien, Stimme, Hygiene

bei Mädchen

Östrogen, Behaarung, dunklere Hautpartien, Vergrößerung der Brust, Monatsblutung, Fruchtbare Zeit im Menstruationszyklus, Körperform, Hygiene an den Tagen der Blutung, BH (Bustier, BH-Größentabelle), erster Besuch beim Frauenarzt

Psychische Veränderungen

Gesellschaftliche Forderungen

Erste sexuelle Erfahrungen

Selbstbefriedigung, Petting, Geschlechtsverkehr, Stellungen,

Verhütung

Kondom, Pille, spermizide Zäpfchen, Diaphragma, Spirale, Hormonstäbchen, Pille danach, Abtreibungspille

Fruchtbare Tage

Coitus interruptus

Geschlechtskrankheiten

Blasenentzündung, Phimose, Pilzinfektion, Chlamydien, Herpes, Tripper, Syphilis, HIV / Aids, Endometriose, Scheidentrockenheit

Lesben und Schwule

Schwangerschaft

Einleitung

Kaum ein Thema ist unter den Menschen und über alle Zeiten hinweg von so zentraler Bedeutung, wie die Fortpflanzungsfähigkeit, die Geschlechtsreife und der etwas mühsame Übergang dahin im Alter des zweiten Lebensjahrzehnts.

Die Eltern machen aus lauter Verlegenheit meist ein großes Geheimnis um das Thema Sex, um die körperlichen Gelüste und Freuden, die jeder empfindet.

Auch über Geschlechtskrankheiten oder ganz natürliche Vorgänge wird geschwiegen. So kommt es, dass die Eltern plötzlich im Jugendalter ihres Nachwuchses Schwierigkeiten haben, offen mit ihnen über diese Fragen zu sprechen. Die jungen Leute sind gezwungen mit Gleichaltrigen hinter vorgehaltener Hand Informationen auszutauschen, im Fernsehen, in Zeitschriften oder im Internet in kleinen Schritten nach den Fakten zu suchen. Was bleibt sind Unsicherheiten - und die Geheimniskrämerei setzt sich fort.

Dieses Buch soll helfen, die Fragen der Jugendlichen zu beantworten und die Selbstverständlichkeit und Natürlichkeit der Pubertät, von Sex, den Schutz- und Verhütungsvorkehrungen, den gesundheitlichen Risiken und den vielen intensiven Glücksgefühlen beschreiben.

Entwicklungsgeschichte und Analogien im Tierreich

Wenn wir einige hunderttausend Jahre zurückgehen, ähnelten die Menschen den Affen. Millionen Jahre davor gab es kleine warmblütige Säugetiere, die vielleicht den Ratten ähnelten. (Die davor in unserer Entwicklungsgeschichte liegenden echsenartigen und fischähnlichen Tiere lassen wir hier einmal außer Betracht, weil bei ihnen die Befruchtung meist außerhalb des Körpers stattfand). Aber alle Wesen in unserer Vorgeschichte nutzten die Genweitergabe durch Befruchtung einer weiblichen Eizelle durch Samenzellen eines männlichen Partners. Doch der Geschlechtsakt glich einem triebgesteuerten und auf Nachwuchsproduktion gerichteten kurzen Akt.

Z.B. bei den Bonobos – einer Affenart in Afrika – ist der Geschlechtsakt auch ein sozial wichtiger Vorgang. Bei Stress bauen die Affen die überschießende Aggression durch eine geschlechtliche Vereinigung ab.

Bei den Menschen ist der Sex ein Vertrauensbeweis für den geliebten Partner, eine Geben und Nehmen von Zärtlichkeit, ein Garant für psychisch-soziale Ausgeglichenheit und Liebe und einfach eine Freude an dem schönsten Gefühl, das die Natur uns mitgegeben hat. Der eigentliche zur Fortpflanzung ausgeführte Geschlechtsakt bleibt die Ausnahme.

Bordelle erfüllen die Aufgabe, Singles oder überbordende Sexbedürfnisse gegen Geld zu befriedigen.

Anatomische und hormonelle Veränderungen bei Jungen

Testosteron

Etwa ab dem 10. Lebensjahr wird bei den Jungen das Hormon Testosteron gebildet.

Es wirkt auf den Aufbau der Muskelmasse und fördert die Entwicklung der Spermien (Samenzellen), indem die Hoden- und Penisentwicklung gefördert werden. Nun sind auch die Schwellkörper, die sich während einer Erektion mit Blut füllen, entwickelt. Der Penis kann, wenn er voll ausgebildet und aufgerichtet ist, im Durchschnitt zwischen 12 und 17 cm lang sein, sich steil nach oben aufrichten und einen Durchmesser von rund 4,5 cm besitzen. Dieses Maß ist später für die Nutzung eines Kondoms sehr sinnvoll, weil der Gummi dann nicht abrutschen und seine Verhütungsaufgabe erfüllen kann.

Behaarung

Auch die Körperbehaarung, wie Brusthaare, Schamhaare, Bartwuchs wird durch Testosteron gefördert und im Laufe des Lebens aufrechterhalten.

Das Haupthaar wird nicht durch Testosteron bestimmt.

Körperbau

Der Aufbau von Knochen und Knorpeln wird durch das Hormon gemeinsam mit dem Schilddrüsenhormon gefördert. Also sind die Muskelpakete an Armen, Beinen, Bauch und Rücken nicht nur auf entsprechendes Muskeltraining zurückzuführen, sondern werden stark von der Hormonproduktion bestimmt.

Verhalten

Testosteron verstärkt die Lust auf Sex (Libido-Steigerung), aber hebt auch die Lebenslust und das Durchhaltevermögen z.b., weil mehr rote Blutkörperchen gebildet werden, die für die Muskelversorgung wichtig sind.

Ein sowohl positiver als auch negativer Effekt ist das Anheben der Aggressivität. Positiv insofern, weil der Mann seine Gene weitergeben will, Führungsqualitäten aufbaut und durchsetzungsstärker wird. Negativ, weil sich der Mann weniger unter rationaler Kontrolle hat, er also auch unvernünftiger handelt. Soziale Sensibilität werden unterdrückt, die Kampfbereitschaft erhöht.

Dunklere Hautpartien

Mit der Pubertät nimmt die Haut der Brustwarzenvorhöfe, des Penis und des Hodensacks eine dunklere Farbe an. Auch die Oberschenkelinnenseiten verfärben sich dunkler. Das ist völlig normal.

Stimme

Die Stimme wird in der Pubertät dunkler – das liegt am Wachstum des Kehlkopfs (hervortretender Adamsapfel) und dem Längenwachstum der Stimmbänder.

Bei Jungen kommt es zum sogenannten Stimmbruch, in dem sie die Stimmlage manchmal noch nicht kontrollieren können. Mal ist sie höher, mal ist sie niedriger. Das hört sich ganz lustig an und erzeugt den einen oder anderen Lacher bei den Kameraden. Man sollte mit den anderen lachen, denn es geht jedem jungen Mann so bis er seine endgültige Stimmlage erreicht hat.

Es käme nicht zum Stimmbruch wenn die Hoden nicht Testosteron ausstoßen würden. Man spricht in dem Fall von einer Kastratenstimme. Früher wurden manchmal die Hoden entfernt, wenn ein Junge eine erstklassige hohe Singstimme hatte. Damit war sein gesamtes Leben vorbestimmt – als Sänger war er erstklassig, aber Kinder zeugen war nicht mehr möglich und somit fiel er als männlicher Partner für eine Frau aus.

Hygiene

Mit dem Körperwachstum und der veränderten Hormonzusammensetzung fängt der Körper auch an, mehr Duftstoffe zu produzieren. Der Schweiß riecht intensiver – dieser Geruch muss nicht jedem gefallen.

Bei Mäusen hat man festgestellt, dass sich die Weibchen ein genetisch gut zu ihm passendes Männchen über die Duftstoffe aussucht. Bei uns Menschen ist dieser Zusammenhang nur in einem Spruch nachzulesen: ich kann die Person gut riechen. Vermutlich nehmen wir den Duft nicht bewusst wahr, aber funktionieren wird diese genetische Kontrolle sicher trotzdem.

Um den anderen nicht zu stinken, sollte man sich regelmäßig, aber nicht übermäßig waschen. Mit Wasser wohlgemerkt, denn jedes chemische Reinigungsmittel trägt den Säureschutzmantel von der Haut ab und macht sie empfindlicher gegenüber Keimen, mit denen unsere Haut ganz selbstverständlich besiedelt ist und klarkommt. Wenn sich diese Keime rasant und einseitig vermehren können, fangen sie an zu riechen, was anderen Menschen mehr auffällt als einem selbst. Mit Parfüms oder Deos zu arbeiten ist auch nicht sinnvoll. Das sind künstlich konzentrierte Stoffe, die zum Teil sogar hautunverträgliche Substanzen enthalten. Man neigt dazu, weil man den Duft immer weniger wahrnimmt, eine immer größere Menge der Stoffe zu verwenden und erzeugt eine unerträgliche Duftwolke um sich, die andere eher abstößt.

Jungen müssen beginnen die Hautfalte zwischen Eichel und Vorhaut zu waschen. Solange man ein kleiner Junge war, war die Vorhaut so eng, dass man sie nicht über die Eichel nach hinten schieben konnte. Im Alter von 10-15 Jahren wird die Vorhaut etwas dehnfähiger und kann zurückgeschoben werden. Zwischen Vorhaut und Eichel bildet sich ein klebriger Belag, der Keime enthalten kann, also muss man hier reinlich sein!

Ein anderes Thema bezüglich der Körperhygiene ist der starke Haarwuchs an den Beinen, dem Rücken bis in die Gesäßfalte hinein. Einfaches Abwischen mit trockenem Papier nach dem Stuhlgang reicht meist nicht aus. Stuhlreste in den Haaren in der Gesäßfalte riechen sofort und führen zu Entzündungen der Haut. Ähnlich wie bei einem Baby, das jedes Mal sehr vorsichtig gesäubert und mit Cremes oder Öl geschützt werden muss. Zum Glück ist die Haut bei einem Mann nicht mehr ganz so empfindlich, aber man muss sich doch die passenden Schutzprozeduren suchen. Reinigen mit Wasser dürfte die beste Variante sein – das wird schon zur Vermeidung von Hämorrhoiden empfohlen. Hämorrhoiden sind Gefäßerweiterungen am After, die sehr schnell unangenehme Schmerzen auslösen und nässen können.

Anatomische und hormonelle Veränderungen bei Mädchen

Östrogen

Das Hormon Östrogen wird in den Eierstöcken gebildet. Es trägt zur Reifung, Freisetzung und Wanderung der Eizelle in die Gebärmutter bei. Die Gebärmutter ist der Teil unter den Eileitern, der oberhalb der Scheide liegt und einmal eine befruchtete Eizelle aufnehmen kann.

Östrogen trägt aber auch zur Reifung des gesamten weiblichen Körpers bei. Die Brust- und Knochenentwicklung werden beeinflusst; selbst das Gehör wird sensibler; die Abwehrkräfte werden gestärkt und die Gehirnleistung verbessert.

Es gibt im Körper der Jungen und Mädchen immer sowohl Testosteron als auch Östrogen-Hormone. Doch das Verhältnis ist bei den Jungen stark testosteronlastig und bei den Mädchen östrogenlastig.

Behaarung

In der Pubertät wachsen den Mädchen unter den Achseln und im Schambereich Haare. Falls die Mischung aus Östrogenen und Testosteronen nicht stark zugunsten der Östrogene ausfällt, könnten sogar feine Oberlippenhaare entstehen. Auch einzelne Haare rund um die Brustwarze könnten vorhanden sein. Wer sie nicht mag, zupft sie mit einer Pinzette aus. Auch Haare an den Unterschenkeln sind möglich. Dafür gibt es klebrige Wachsflächen, die man auf die Haare auflegt und mit einem Ruck wegreißt. Das zwickt ganz schön, nimmt die Haare aber bis zu den Wurzeln weg.

Man sollte mit dem Frauenarzt über die weniger schönen Effekte der Hormonwirkung sprechen.

Dunklere Hautpartien

Während der Pubertät wird die Haut der Brustwarzenvorhöfe, der Brustwarzen selbst und der Schamlippen dunkler. Auch im inneren Oberschenkelbereich kann sich die Haut dunkler verfärben.

Vergrößerung der Brust

Das Wachstum der Brust beginnt zwischen dem neunten und zwölften Lebensjahr und ist erst im Alter von rund achtzehn Jahren abgeschlossen. Es beginnt unter den Brustwarzen, dann folgen die Brustdrüsen und der Busen wölbt sich. Häufig kommt es vor, dass die Brüste einige Zeit lang unterschiedlich stark wachsen, aber das gibt sich bald. Wie bei jedem Wachstumsschub kann es zu leichten Schmerzen und einem Druckgefühl mit Juckreiz kommen.

Im Kapitel der BH-Auswahl wird die Größe beschrieben.

Monatsblutung / Mestruationszyklus

Die erste Menstruation setzt meist erst nach dem Wachstum der Brustdrüsen ein. Im Schnitt zwischen dem 12. und 15. Lebensjahr. Bei etwas dickeren Mädchen eher früher als bei den anderen.

In den ersten drei Jahren kann kaum von Regelmäßigkeit gesprochen werden. Es können leicht 3-6 Wochen bis zur nächsten Blutung vergehen, also sollte man mit den entsprechenden Hygieneartikeln immer versorgt sein.

Durch Stress, übermäßigen Sport, schwere Arbeit oder Hormonstörungen kann die Regelmäßigkeit sehr leiden. In solchen Fällen kann die nächste Regelblutung auch schon mal drei Monate auf sich warten lassen.

Sind die (Bauch-/Unterleibs-)Schmerzen vor und während den Blutung zu stark, kann die Gabe der Antibabypille für Erleichterung sorgen: die Blutungen erfolgen regelmäßiger und fallen weniger schmerzhaft aus.

Fruchtbare Zeit im Menstruationszyklus

Wir unterstellen, dass ein Zyklus von der einen Blutung zur nächsten 28 Tage dauert.

Vom ersten Tag der Blutung an gerechnet liegt der fruchtbare Zeitraum, also die Zeit, in der eine Samenzelle eine Eizelle erreichen und befruchten kann, in der Regel vom 6. bis zum 16. Tag. **Das sind die gefährlichen Tage für eine ungewollte Schwangerschaft!**

Vor dieser Zeit konnte eine Eizelle durch die Eileiter in die Gebärmutter wandern und sich dort einnisten und auf eine Befruchtung warten. Sobald der Zeitraum unbefruchtet verstrichen ist, geht unser Körper davon aus, dass die Eizelle nicht mehr zu einem gesunden neuen Menschen werden kann und stößt sie ab. Das geschieht vereinfacht ausgedrückt durch die Ablösung der Schleimhaut aus der Gebärmutter und durch eine Ausschwemmung der unbrauchbaren Eizelle. Eine Schleimhautabtrennung ist wie eine kleine Wunde, die Blutgefäße freilegt. Es beginnt wieder eine neue Blutungsphase von rund vier Tagen und der Zyklus beginnt erneut.

Körperform

Als Kinder haben Mädchen und Jungen fast die gleiche schlanke und konturlose Figur. Mit dem Wachsen der Brüste und der ersten Fettpolster auf den Hüften nähert sich das Mädchen der erwünschten Sanduhrenform. Nach heutigen Modewünschen werden Brust- und Hüftumfang mit rund 90 cm angestrebt, während die Taille bei rund 60 cm liegen sollte.

Aber je nach Ernährungsgewohnheiten, genetischen Vorgaben durch die Eltern und Großeltern und den regelmäßigen körperlichen Aktivitäten wird sich die Körperform unterscheiden. Es ist auch zu bedenken, dass insbesondere der Brustumfang sich innerhalb der nächsten zehn bis fünfzehn Jahre deutlich ändert. Man schaue sich einmal alte Filme von Steffi Graf oder Martina Hingis an. Im Alter von rund 18 Jahren waren sie ausgesprochen vollbusig, während sich die Proportionen nach fünf bis zehn Jahren wieder ganz anders darstellten.

In den sechziger Jahren des vergangenen Jahrhunderts lagen die Modevorstellungen bei absolut dürren und ausdruckslosen Körperformen junger Frauen (siehe Twiggi); vor einigen hundert Jahren waren die sogenannten Rubensfiguren sehr gut gepolstert, nach dem Krieg zeugte eine gute Speckschicht auf den Hüften von dem Wohlstand der Frauen. Ein wirkliches Ideal gibt es also nicht und junge Mädchen sollten sich nicht durch großmäulige Jugendliche frustrieren lassen, die zufällig eine andere Figur als sie selbst besitzen.

Empfehlenswert ist die Teilnahme am Training in einem Sportverein, der Ganzkörpertoning, Rückengymnastik oder Bodyfitkurse anbietet. Hier wird die gesamte Körpermuskulatur gefordert und gestärkt. Man kann die Übungen ganz nach eigenen Fähigkeiten mit aufsteigender Belastungstendenz durchführen. Außerdem wird das Training meist durch rhythmische Musik unterlegt und macht allen Freude. Mit einer Freundin gemeinsam in einen solchen Kurs zu gehen, macht den Einstieg leichter. Es ist auch nicht falsch, dass hier meist alle Altersklassen teilnehmen. Natürlich sollte man nicht eine Einstellung aufkommen lassen, wie: ‚mit den Gruftis will ich nicht trainieren!‘, denn die Alten machen den jungen Menschen häufig noch etwas vor. Aber ist es nicht viel wichtiger, dass ein Mädchen frühzeitig erkennt, dass auch Leute im Alter ihrer Eltern oder Großeltern noch fit und fröhlich mittrainieren?

Hygiene an den Tagen der Menstruations-Blutung

Solange sich die Menstruation nicht regelmäßig einstellt und planbar ist, müssen sich die Mädchen darauf vorbereiten, um nicht in peinliche Situationen zu geraten. D.h. Monatsbinden oder Tampons gehören in die Handtasche bzw. Schultasche, eventuell sollte eine weitere Unterhose mitgeführt werden. Sowohl die Monatsbinden als auch die Tampons sollten an die Körpergröße angepasst werden. Ein paar Versuche sind da schon hilfreich, Gespräche mit Freundinnen oder Müttern ebenfalls. Die Slipeinlagen sollten einen Klebestreifen besitzen, damit sie nicht verrutschen. Parfümierte Hygieneartikel können zu Juckreiz führen. Regelmäßiges Wechseln von Tampons und Binden ist selbstverständlich. Das Entsorgen über eine Toilette ist unbedingt zu vermeiden, weil die Abwasserrohre verstopft werden; in Damentoiletten gibt es immer kleine Tütchen und Abfalleimer. Preisvergleiche sind sinnvoll, weil die Artikelpreise sich um einige zehn Prozent unterscheiden können.

Ein grundsätzliches Hygienethema ist die Reinigung nach dem Stuhlgang. Es ist unbedingt zu vermeiden, dass Stuhlreste in Richtung Schamlippen gewischt werden. Die vielen Bakterienarten der sogenannten Darmflora sind äußerst gefährlich an Stellen, die außerhalb des Darms liegen, können massive Entzündungen auslösen und dem Menschen schaden! Wenn Darmbakterien durch unsaubere Hände z.B. in die Küche und auf Lebensmittel übertragen werden, sind erhebliche Erkrankungen vorprogrammiert!

BH (Bustier, BH-Größentabelle)

Der Kauf des ersten BHs ist für die Mädchen ein großes Ereignis, weil sie sich ein klein wenig mehr ihrem Wunsch nähern, endlich als Frau betrachtet zu werden. Solange aber noch nicht viel Busen vorhanden ist, reicht völlig ein sogenanntes Bustier (französisch: Bustjee gesprochen). Das ist ein fest sitzendes kurzes elastisches Hemd, welches den Busen in Form hält und beim Sport eine Unterstützung gibt. Es besitzt noch keine ausgebildete Körbchenform.

Erst wenn der Busen etwa die Größe einer Faust hat, geht man über zu dem definierten BH, der sich nach dem Körperumfang direkt unter der Brust (Unterbrustumfang) und der Körbchengröße richtet. Die Körbchengröße wird über den Umfang direkt in Brustwarzenhöhe festgelegt. Normalerweise liegt dieser Wert zwischen 15 und 25 cm über dem Unterbrustumfang. Die Körbchengröße beginnt bei A und geht über B, C bis E weiter.

Die Auswahl des richtigen BHs ist wichtig, weil sich sonst Druckstellen oder sogar wunde Haut einstellen können. Eine Beratung in einem Dessous-Geschäft ist empfehlenswert, weil die Mitarbeiterinnen sehr viel Erfahrung bezüglich der Fehler beim Kauf besitzen.

Weiß oder hautfarben sind am Anfang immer richtig, später wird man sich Gedanken zu hübschen Applikationen oder zur Oberbekleidung passender Unterwäsche Gedanken machen.

Viele Frauen mit einem großen Busen würden sich freuen, wenn sie flachbrüstiger wären und einen so festen Busen vorweisen könnten wie junge Mädchen. Bei den Mädchen ist es genau anders herum: sie können es kaum abwarten, einen möglichst großen Busen zu bekommen und genießen die Zeit des festen jugendlichen Körpers nicht.

Der erste Besuch beim Frauenarzt

Den ersten Besuch machen die Mädchen meist in Begleitung von Mutter, Freundin oder Freund, um sich in dieser ungewöhnlichen Situation nicht so allein zu fühlen. Es ist selbstverständlich, dass man sich gut gewaschen und nicht parfümiert beim Arzt vorstellt. Gerüche können einen Arzt auf Krankheiten hinweisen.

Der Arzt wird als erstes die Vorgeschichte erfragen und seine Akte für spätere Besuche füllen. Er will z.B. wissen, ob es schon zur ersten Menstruation gekommen ist und wie sie verlaufen ist. Vielleicht auch, ob die Blutungen regelmäßig eintreten oder ob es zwischendurch sogenannte Schmierblutungen gibt (geringe schleimig, blutige Spuren in der Unterwäsche). Dann will er über andere Krankheiten, Medikamente und körperliche Belastungen durch Sport oder Arbeit informiert werden. Auch, ob man Raucher ist oder ob es gesundheitliche Besonderheiten bei der Mutter oder dem Vater zu erwähnen gibt.

Bei der körperlichen Untersuchung werden die Brüste und die Lymphknoten unter den Achseln abgetastet. Dafür muss man nur den Oberkörper freimachen.

Auf dem Gynäkologenstuhl werden die Schamlippen, die Scheide, die Eierstöcke und die Gebärmutter abgetastet und angeschaut. Eventuell wird ein sogenannter Abstrich gemacht: man nimmt einen Wattestab, streicht damit über die Schleimhaut der Scheide, überträgt den Schleim auf ein kleines Glasplättchen mit einer Nährlösung und kann später eine Überprüfung auf Bakterien, Viren oder Pilze durchführen, die für eine Erkrankung verantwortlich sein könnten.

Natürlich ist es für ein Mädchen eine peinliche Situation, doch man sollte sich immer klarmachen, dass es für den Gynäkologen eine täglich häufig praktizierte eher langweilige Übung ist. Er schaut sich eine Patientin an, schreibt Besonderheiten in die Akte und wendet sich schon wieder der nächsten Patientin mit ähnlichen Anliegen zu. Außerdem haben die Ärzte oder Ärztinnen natürlich ein Gespür für die Situation ihrer Patientinnen und werden entsprechend feinfühlig mit ihnen umgehen.

Psychische Veränderungen

In der Zeit der Pubertät ist man innerlich stark zerrissen, weil man auf der einen Seite noch die Abhängigkeit eines Kindes hat, auf der anderen Seite aber den Drang nach Selbständigkeit mit eigenen Entscheidungen anstrebt.

Dann sind da die Eltern: sie haben nun seit über zehn Jahren für die Erziehung gesorgt, dauernd gesagt, was man tun darf und was nicht, Empfehlungen oder Anweisungen gegeben, für Sicherheit, Nahrung, Unterkunft und Trost gesorgt und plötzlich wollen die Kinder es ganz anders. Die Eltern sind älter und nicht mehr so flexibel wie die Kinder, also fällt ihnen die Veränderung mindestens genauso schwer wie ihrem Nachwuchs. Loslassen und Ängste um den Nachwuchs zu unterdrücken, ist alles andere als einfach.

Die Jugendlichen suchen ihren persönlichen Weg in ihr Leben, auf das sie bisher vorbereitet wurden. Besondere Fähigkeiten, die sich schon herausgebildet haben, Kenntnisse, die sie durch Gespräche in der Familie oder bei Freunden erlangten, Wertvorstellungen, Ehrgeiz, Trennungswünsche und -Ängste, Ärgernisse und Streitereien in der Familie, wirtschaftliche Möglichkeiten, die Absichten von Freunden, mögliche Schulen und Ausbildungsplätze, erste Verliebtheiten….

Alles stürzt auf sie ein und sie sollen sich entscheiden.

Ein Gefühl von Überforderung und Unsicherheit bildet sich. Man versucht in Gesprächen mit gleichaltrigen Freunden, Gedanken und Vorstellungen zu diskutieren.

Gleichzeitig erleben sie ganz normale Rangeleien untereinander. Jungen wollen mit Kraft und sportlicher

Überlegenheit punkten, Mutproben sollen bestanden werden – manchmal auch gefährliche, dumme und unrechtmäßige!

Mädchen wollen schön sein, schminken sich, parfümieren sich, kleiden sich auffallend und unternehmen die ersten Versuche, ihre körperlichen Reize auf Jungen und Männer auszuprobieren. Zigaretten sind plötzlich ach so erwachsen. Gerade hier zeigt sich, wie albern und langfristig dumm, solches Gehabe sein kann!

Das Verwirrende ist, dass die Hormone und Triebe für ein dauernd schwankendes Gemüt sorgen. Mal sind die jungen Menschen in Hochstimmung, mal fast depressiv betrübt.

Aber eine Kleinigkeit sollte man bedenken: von der ersten Zeit der Pubertät bis zum Erwachsensein dauert es noch ein Jahrzehnt!

In dieser Zeit kann man lernen und sich entwickeln. Es ist überhaupt nicht nötig zu glauben, dass man mit einem Mal erwachsen sein muss. Das sind Erwachsene übrigens auch nicht. Sie blamieren sich manchmal, sind überfordert, sind traurig oder in Hochstimmung.

Eigentlich sollten Jugendliche ihre Zeit genießen. Kein Erwachsener entwickelt sich so schnell und intensiv wie die jungen Leute in diesen zehn Jahren ihres Lebens.

Wenn ein junger Mensch sich einmal seine Fähigkeiten und Begabungen oder vielleicht seinen IQ ansieht, so kann er recht gut steuern, wo seine Ziele sind. Man muss nur selbst aktiv werden. Bücher, das Internet mit seinen Suchmaschinen, die MENSA, um seinen IQ festzustellen, ältere Menschen, die viel berufliche und Lebenserfahrung besitzen sollte man anzapfen, um möglichst große Fortschritte zu erreichen. Wissen und Fähigkeiten machen selbstbewusst und sicher, sorgen für Unabhängigkeit und wirtschaftliche Sicherheit. Dummerweise vertrödeln viele junge Menschen diese intensive Zeit und lassen sich von desinteressierten, dümmeren und großmäuligen Kameraden herunterziehen.

Besonders schön gefunden zu werden ist sehr vergänglich, genauso besonders stark und sportlich zu sein. Sobald man studiert, sich in einer Berufsausbildung befindet oder wenn man später einen Beruf ausübt, sind das absolute Nebenschauplätze, für die sich niemand mehr was kaufen kann.

Man sollte einmal überlegen, nach welchen Kriterien im Tierreich sich ein Weibchen ein Männchen auswählt: Gesundheit (gesunde Gene) für den zukünftigen Nachwuchs, Zuverlässigkeit und Sicherheit bei der Aufzucht des Nachwuchses, Sicherheit für die Partnerin und noch ein wenig Statusdenken.

Bei den Menschen ist es nicht anders! Nur auf einer manchmal nicht so offensichtlichen Ebene, weil Menschen einfach viel komplizertere Wesen sind als Tiere.

Intelligenz, Macht und Einkommen decken viele von den Kriterien ab, aber Sensibilität und freundliches Verhalten sind durch all diese Kriterien nicht abzudecken. Diese Eigenschaft ist für Kinder und Ehepartner unbedingt erforderlich, sonst wird das Leben trotz Geld und Ansehen oder Schönheit zur Qual.

Wenn man diese beinahe philosophische Sicht betrachtet, ist das Spiel der jungen Leute doch sehr nahe an den entwicklungsgeschichtlich erlernten Verhaltensweisen:

Die Jungen messen sich mit ihren Muskeln, ihrem Mut und ihrer Wendigkeit und versuchen die Mädchen zu beeindrucken. Das nennt man Imponiergehabe.

Die Mädchen wollen die Schönste und Begehrenswerteste sein, indem sie sich schminken, dauernd eine andere Frisur oder Haarfarbe haben, ihre körperlichen Reize ins rechte Licht setzen, mit den Augen reizen und sich häufig undurchschaubar und unlogisch verhalten. Und natürlich keine klaren Signale senden. Sie kapieren noch nicht, dass die Jungs viel einfacher gestrickt sind und klare Aussagen brauchen. Nichtsdestoweniger sind die Tendeleien, das Flirten und Hin und Her für alle Seiten ausgesprochen aufregend. Alle erleben ihre schlaflosen Nächte und wissen nicht, wie sie zueinander finden.

Gesellschaftliche Forderungen

Kleine Kinder haben im Verhältnis zum Körper einen größeren Kopf und große Augen, sie lächeln unschuldig und hilfsbedürftig. Darauf reagiert jeder erwachsene Mensch mit einem Schutzmechanismus, dem er sich kaum entziehen kann.

Sobald Kinder aber älter werden, wird die Haltung der Erwachsenen kritischer und es wird nicht mehr jeder Fehler toleriert. Die Erwartungshaltung den jungen Leuten gegenüber steigt also. Man erwartet nun, dass sie sich benehmen können, dass sie lernen, um bald am Arbeitsleben teilzunehmen und dass sie zufassen, sobald sich irgendwo eine Arbeit zeigt. So Kleinigkeiten, wie einer alten Dame über die Straße zu helfen oder einen Platz im Bus oder Wartezimmer anzubieten, werden gern gesehen und mit Dank und einem Lächeln belohnt. Man fühlt sich als Jugendlicher sofort deutlich besser.

Die ersten Schuljahre waren dem Aufbau einer breiten Basis gewidmet. Nun wird erwartet, dass diese Kenntnisse beherrscht werden und man darauf aufbauen kann. Es geht in der Schule nicht mehr so spielerisch zu, sondern man verlangt, dass die Jugendlichen selbständiger arbeiten. Man bekommt ein Thema und muss nun selbst nach dem Inhalt suchen und alles in eine ansprechende Form bringen und vortragen.

Die Eltern erwarten nun ebenfalls, dass die Kinder im Haushalt mit anfassen. So Kleinigkeiten wie den Tisch decken und abdecken, spülen, einkaufen, den Müll sortieren und zur Mülltonne bringen, das eigene Zimmer aufräumen, die Wäsche zur Sammelstelle bringen, vielleicht auch mal bügeln, putzen, einen Schrank zusammenbauen, ein Regal aufhängen, das Fahrrad in Ordnung bringen und vieles mehr.

Plötzlich stürzen auf die Jugendlichen Forderungen von allen Seiten ein. Man kann die meisten Dinge ja tatsächlich bereits erfüllen, aber eigentlich hat man dazu keine Lust, weil sie einem vorgeschrieben werden und natürlich immer wieder kleine Ergänzungen und Kritiken ausgesprochen werden.

In diesem Alter denkt man noch nicht so viel darüber nach, dass man den Schritt in die Selbständigkeit – also ein eigenes Zimmer, eine eigene Wohnung, ein eigenes Fahrzeug – nicht ohne all die notwendigen Kenntnisse und Erfahrungen bewältigen kann, die einem Eltern und Lehrer immer wieder erzählen.

Dann kommt noch das leidige Thema des Geldes dazu. Als Kind hat man sich nur Dinge wünschen brauchen und bekam sie als Geschenk geliefert. Plötzlich funktioniert das nicht mehr. Die Eltern erwarten, dass man selbst für den Kauf und Erhalt von Fahrrad, Handy, Computer, Kleidung, Vereinsbeiträge, Veranstaltungskarten usw. aufkommen soll – zumindest teilweise. Natürlich wollen einem die Eltern all das geben, damit ihr Nachwuchs sich gut integriert entwickeln kann. Aber die Wünsche hören nicht auf und die Einkünfte sind begrenzt. Es ist auch eine Aufgabe der Eltern, im Zuge der Erziehung dem Kind beizubringen, wie lange und schwer man arbeiten muss, um sich bestimmte Dinge leisten zu können. Schon aus der Sicht dieser Aufgabenstellung müssen sie von dem Jugendlichen eigene

Leistungen fordern. Wenn man es nicht täte, würde das Kind von seinen Eltern noch im Alter von 30 oder 50 Jahren die Bezahlung all dieser Dinge erwarten. Da sind die Eltern aber längst in Rente, ihre Einkünfte haben sich deutlich reduziert und sie könnten das Leben der Folgegeneration nicht mehr finanzieren! Sie würden es auch nicht wollen, denn der Nachwuchs würde ja schon selbst eigene Kinder in Aussicht haben – sollten die Enkel auch noch von den Großeltern finanziell unterstützt werden?

Die Eltern müssen einen Jugendlichen auch auf Studium und Ausbildungszeit vorbereiten. Hier wird Selbständigkeit verlangt, sonst geht man unter und wirft das Handtuch. Ohne den Ernst des Lebens zu erkennen und an sich zu arbeiten funktioniert das alles nicht.

Aber – wie schon weiter oben einmal geschrieben – von der Pubertät bis zum Erwachsenenleben vergehen noch allerhand Jahre. Nutzt man diese Zeit, kann man sich weitgehend stressfrei und mit täglichen Erfolgserlebnissen entwickeln.

Man könnte täglich mit den Erwachsenen und den Lehrern Streit anfangen und sich das Leben schwerer machen als nötig. Man kann aber auch versuchen, sich etwas anzupassen und seine kleine Welt nach eigenen Vorstellungen zu beeinflussen, ohne mit dem Kopf durch die Wand zu gehen und nur seine eigenen Wünsche zu sehen. Zugegeben – das ist nicht einfach – aber machbar!

Was da oben geschrieben steht, ist natürlich alles nur Theorie.

Wenn das Bewusstsein für Erziehung und den Umgang mit dem anderen nicht vorhanden ist, weil man sich dauernd streitet, ist es ausgesprochen schwierig, aufeinander zuzugehen. Der Bildungsstand spielt eine Rolle. Der tägliche Stress lässt vielleicht keine entspannte Atmosphäre zu. Wenn andere Sorgen überwiegen, kann man sich auf die kleinen Probleme zwischen den Generationen nur sehr schwer konzentrieren.

Da ist schon mal das Abwarten auf den richtigen Moment für ein Gespräch nötig.

Man sollte auch hin und wieder die gegenseitige Zuneigung aussprechen, damit die Wege offenbleiben und man mit einem Lächeln aufeinander zugehen kann – auch wenn man gerade Probleme miteinander hat.

Erste sexuelle Erfahrungen

Die ersten sexuellen Erfahrungen sammelt schon ein Kind, wenn es seinen Körper erkundet und sich beim Streicheln ein angenehmes Gefühl empfindet. Es spürt schnell, an welchen Stellen das intensivste Gefühl entsteht, wenn es auch noch keinen Orgasmus kennt.

Leider wurde den älteren Menschen in ihrer eigenen Kindheit ein schlechtes Gewissen eingeredet, wenn sie sich selbst berührten. Von Sünde wurde gesprochen und dass der Intimbereich fies und ungehörig wäre. Und leider geben die älteren Leute diese Einstellung immer noch an die Kinder weiter, statt die Natur als etwas Selbstverständliches zu akzeptieren. Was man weitergeben sollte, ist, dass man sein Intimleben nicht an die Öffentlichkeit trägt, sondern in seiner Privatsphäre behält.

Selbstbefriedigung/Masturbation/Onanie

Alle drei Worte bedeuten das Gleiche, nämlich Selbstbefriedigung.

Aus dem kindlichen Streicheln und Ausprobieren des eigenen Körpers entsteht ganz automatisch die Selbstbefriedigung, wenn es zum Orgasmus kommt.

Das Streicheln der weiblichen Klitoris, die ja nichts anderes als ein kleiner Penis mit vielen Nerven und einem blutgefüllten Schwellkörper ist; das Streicheln und leichte Kneifen der Brustwarzen bei den Mädchen;

das mehr oder weniger heftige Reiben der Eichel unter der Vorhaut oder bei zurückgeschobener Vorhaut bei den Jungen sind der Vorgang, der als Selbstbefriedigung bezeichnet wird.

Dieses wunderbare Gefühl ist tatsächlich ein Höhepunkt an körperlichem Wohlgefühl. Die Muskeln verkrampfen sich angenehm, der Penis ist maximal erhärtet, die Muskeln um die Scheide pulsieren, die Schamlippen sind stark mit Blut gefüllt, der Herzschlag ist erhöht, der Atem geht schnell, man schwitzt und bekommt eine Gänsehaut.

Während des Orgasmus verkrampfen sich beim Jungen die Muskeln um das Samenbläschen, welches als Depot der im Hoden produzierten Samen dient, und spritzen die Samenflüssigkeit heraus. Danach erschlafft der Penis sehr bald und der Atem beruhigt sich. Man ist völlig entspannt, müde und nicht mehr empfänglich für weitere stärkere Reize.

Beim Mädchen können mehrere Orgasmen hintereinanderliegen. Die Scheide pulsiert, der Körper verkrampft sich, der Herzschlag und die Atemfrequenz sind hoch. Genauso wie die Jungen fühlen sie sich danach völlig entspannt.

Ein zu häufiges Herbeiführen eines Orgasmus kann eine hohe Belastung des Körpers darstellen:

Man wird empfänglicher für Krankheiten.

Die Häufigkeit der Selbstbefriedigung muss jeder für sich selbst herausfinden.

Früher hat man davon gesprochen, dass Leute, sie sich selbst befriedigen, verrückt werden. – Das ist natürlich völliger Unsinn. In Irrenanstalten gibt es allerdings Menschen, die nichts anderes zu tun haben, als sich dauernd zu befriedigen. Dass diese Leute bereits verrückt sind und es vielleicht noch mehr werden, kann man sich gut vorstellen.

Früher wollte man nicht wahrhaben, dass sich Leute selbst befriedigen. Interessanterweise wurde bei der Befragung eines katholischen Priesters bezüglich der Beichte dann klar, dass sich neunundneunzig Prozent der Leute, also praktisch jeder, mehr oder weniger selbst befriedigt. Unsere Gesellschaft verlangt allerdings, dass dies im privaten Rahmen geschieht, sonst wird es als öffentliches Ärgernis eingestuft und kann bestraft werden.

Ein kleiner Witz zum Thema Selbstbefriedigung: ein Junge sitzt in der Badewanne, seine Mutter kommt durch die unverschlossene Tür und schaut den Jungen etwas sprachlos an. Der Junge sagt: ‚Mama, wie schnell ich meinen Schniedel wasche, ist doch wohl meine Sache!'

Petting

Wenn man einen Partner gefunden hat, mit dem man sich küsst und dem man vertraut, wird es mit hoher Wahrscheinlichkeit dazu kommen, dass man sich gegenseitig streichelt. (Nichts Anderes bedeutet das Wort Petting)

Junge Menschen, die sinnvollerweise noch keinen Geschlechtsverkehr haben, werden sehr bald nicht nur die Hände, das Gesicht, die Haare oder den Rücken streicheln, sondern sich gegenseitig in den erogenen Zonen erkunden.

Die Reaktionen des Partners oder seine vorsichtigen Anleitungen führen zu den ersten Erfahrungen mit dem anderen Geschlecht. Man lernt die Vorlieben kennen, man sieht, welche Region und welche Handlung zu erhöhter Erregung führt. Nicht anders als bei der Selbstbefriedigung reibt und drückt man die hochsensiblen Genitalien und erfreut sich an dem Glücksgefühl des Partners.

Geschlechtsverkehr, Stellungen

Man sollte es eigentlich nur zum Geschlechtsverkehr kommen lassen, wenn man einen Menschen länger kennt, ihn liebt und mit ihm zusammenbleiben will.

Aber in der heutigen Zeit hat sich da einiges geändert. Es ist nicht mehr wie früher, dass man nur mit jemandem ins Bett gehen darf, den man bereits geheiratet hat. Heute, in der Zeit der Pille und anderer ziemlich sicherer Verhütungsmittel, lebt man die Lust aus und schläft sogar miteinander, wenn es nur um eine einzige wilde Nacht gehen soll (One-night-stand).

Junge Menschen sollten sich allerdings einige Dinge klarmachen, bevor sie in die ‚Kiste' springen:

Hat man verhütet oder hat mein ein Kondom bei sich und benutzt man es auch?

Sind beide gesund und akzeptabel sauber?

Ist der Ort, an dem man zusammen sein will, vor Überraschungen sicher?

Ist man eigentlich schon so weit, dass man mit einer anderen Person schlafen will und kann?

Wird man von seinem Partner dazu gedrängt oder gezwungen? Wenn ein Partner mehr oder weniger gezwungen wird, so handelt es sich um Vergewaltigung, ein Straftatbestand, der vor dem Gericht landet und mit entsprechenden Strafen geahndet wird!

Normalerweise wird man sich vor einem Geschlechtsverkehr küssen und zärtlich streicheln, damit beide ein stärkeres Lustgefühl entwickeln und die Scheide der jungen Frau feucht geworden ist. So wird das spätere Eindringen des erigierten Penis erleichtert und man wird nicht wund. Junge Männer haben es meist viel zu eilig. Die junge Frau, darf ihn ruhig ein wenig bremsen, um für beide ein länger dauerndes Hochgefühl zu erreichen. Ganz sicher wird die junge Frau beim ersten Geschlechtsverkehr nicht zum Orgasmus kommen und ein wenig enttäuscht sein. Der junge Mann wird ganz sicher zum Samenerguss kommen und sich kurze Zeit darauf von der Frau lösen. Wird ein Kondom benutzt ist das sogar notwendig, denn sobald der Penis wieder erschlafft, kann das Kondom abrutschen und die Verhütung ist unsicher.

Man sollte sich nach dem Geschlechtsverkehr nicht gleich wieder trennen und zur Tagesordnung übergehen, sondern noch einige Zeit miteinander verbringen: streicheln, reden, lachen, schmusen, sich aneinander kuscheln.

Der Penis trifft den Scheideneingang nicht ganz automatisch; hier muss mit der Hand geholfen und geführt werden – von wem ist egal.

Ob die Partnerin oder der Partner unten liegen ist völlig gleichgültig. Hier sollte die Stellung gewählt werden, die beiden Freude macht; es kann ja auch zwischendurch gewechselt werden. Ist der Penis des jungen Mannes eher lang oder die Scheide der jungen Frau eher kurz, so kann die Partnerin regulieren, wie tief der Penis in sie eindringen soll, um ihr keine Schmerzen zu bereiten. Liebevolle Rücksichtnahme sollte das oberste Gebot sein. Man hat kein Befriedigungswerkzeug in Menschengestalt vor sich, sondern ein sensibles Wesen, das Freude und Geborgenheit geben und nehmen will.

Verhütung

Bei allen Verhütungsmaßnahmen ist zu bedenken, dass trotz größter Vorsicht eine kleine Menge an ungewollten Schwangerschaften auftritt. Es ist von dem sogenannten Pearl-Index die Rede. (Wenn 100 Frauen zehn Jahre lang das bestimmte Verhütungsmittel einsetzen, kommt es bei x Frauen zur Schwangerschaft) Der Schluss daraus sollte sein, dass man lieber zwei Mittel gleichzeitig einsetzt, um die Sicherheit zu erhöhen.

Das **Kondom**: Die Gummihülle wird vor dem Eindringen des Penis in die Scheide über den erigierten Penis gezogen, das Reservoir für die Spermien bleibt vorne frei. Man sollte nicht mit spitzen Fingernägeln an dem Gummi hantieren, um nicht ein Loch zu erzeugen, durch das die Spermien dann doch in die Scheide eindringen können. Der Penis sollte im erigierten Zustand nach dem Samenerguss aus der Scheide gezogen werden, weil nur so sicher ist, dass das Kondom nicht ungewollt vom Penis abrutscht, in der Scheide bleibt und alle Vorsicht vergebens war!

Die **Antibabypille**: Sie wird von der jungen Frau täglich eingenommen. Sie verändert die Hormonlage im Körper der Frau und macht es einem Spermium nahezu unmöglich, in die Gebärmutter zu gelangen. Der Eisprung wird verhindert, also wandert nicht erst eine Eizelle in die Gebärmutterschleimhaut. Außerdem wird durch die Regelmäßigkeit der Pilleneinnahme der Menstruationszyklus regelmäßiger gemacht und man kann sich auf die Tage der Blutungen viel besser verlassen und vorbereiten.

Die Pille muss vom Arzt verschrieben werden. Bis zum 16. Lebensjahr müssen die Eltern zustimmen. Bei den ganzen Vorteilen der Pille gibt es leider auch Nachteile: Bluthochdruck, Neigung zur Bildung von Blutgerinseln, die lebensbedrohend sein könnten. Wenn man Zigaretten raucht, erhöht sich dieses Risiko zusätzlich.

Es gibt noch **spermizide Zäpfchen**, die vor dem Geschlechtsverkehr in die Scheide einzuführen sind und die Spermien abtöten.

Ein **Diaphragma** ist eine Gummi-Kappe, die in die Scheide einzusetzen ist und den Zugang zur Gebärmutter verschließt. Aber es ist wichtig, dass dann gleichzeitig mit spermiziden Zäpfchen gearbeitet wird, damit die Spermien abgetötet werden, bevor das Diaphragma wieder entfernt wird. Außerdem ist diese Gummikappe nicht ganz leicht einzusetzen und damit unsicherer.

Der Frauenarzt kann eine sogenannte **Spirale** in den Gebärmutterkanal einsetzen. Er kann auch ein kleines, **Hormone abgebendes Stäbchen** unter die Haut des Oberarms setzen, dass ähnlich wie die Pille wirkt, aber drei Jahre Sicherheit und aussetzende Blutungen bewirkt. Dieses Stäbchen wird eher bei etwas älteren Frauen verwendet, die sicher keine Schwangerschaft mehr wünschen.

Dann gibt es noch die ‚**Pille danach**' oder die **Abtreibungspille**. Beide müssen im Ausnahmefall vom Arzt verschrieben werden. Die Nebenwirkungen können beträchtlich sein!

Fruchtbare Tage

An allen unfruchtbaren Tagen kann es natürlich keine Konzeption (Empfängnis) geben. Wenn der Menstruationszyklus regelmäßig ist, kann man sechs Tage ab dem Beginn der Blutung als sicher ansehen. Den jungen Frauen ist ein Geschlechtsverkehr während der Menstruationstage häufig unangenehm, aber tatsächlich ist unter der Benutzung eines Kondoms kein Problem zu erwarten.

Die sechs Tage vor der nächsten Monatsblutung sind ebenfalls als unfruchtbar anzusehen. Immer vorausgesetzt, man weiß, wann die Blutung einsetzen wird. Doch das ist bei jungen Frauen mit unregelmäßigen Monatsblutungen nicht sicher kalkulierbar!

Coitus interruptus

Der Ausdruck ‚Coitus interruptus' bedeutet: Abgebrochener Beischlaf.

Junge Männer meinen großmäulig, dass sie ja den Penis nur zu dem Zeitpunkt aus der Scheide herausziehen müssen, bevor der Samenerguss erfolgt.

Erstens klappt das nicht wirklich und das erste Quäntchen Samenflüssigkeit ist längst in der Scheide gelandet und die Spermien machen sich auf den Weg. Also ist das nun wirklich keine gute Lösung zur Empfängnisverhütung.

Geschlechtskrankheiten

Blasenentzündung (Cystitis)

Besonders junge Frauen haben schnell eine Blasenentzündung. Sie kann an einer Verkühlung des Unterleibs durch zu knappe Kleidung liegen; sie kann durch Eindringen von Bakterien entstehen; oder durch die mechanischen Reize beim Streicheln oder dem Geschlechtsverkehr. Auf jeden Fall tritt dann ein recht unangenehmes Brennen und Stechen in der Blase auf. Man muss dauernd zur Toilette zum Wasserlassen und auf Berührungen hat man schon gar keine Lust. Man friert auch leicht.

Ein recht gutes Mittel dagegen ist Bärentraubenblätterkraut als Tee oder Tabletten. Sollte man zwar nicht zu oft einnehmen. Aber meist hilft es recht schnell. Wärmezufuhr tut gut. Man darf nicht so lange warten, bis sich die Entzündung der Blase bis in die Niere ausgeweitet hat, denn dann wird es wirklich schlimm.

Ist auch der Urin blutig verfärbt, sollte man zum Frauenarzt oder Urologen gehen. In dem Fall werden meist Antibiotika verschrieben. Hier muss man an eine Nierenentzündung oder Nierensteine denken, die in der Blase sehr ähnliche Schmerzen auslösen.

Übrigens gelten die gleichen Auslöser für die jungen Männer. Das Eindringen von Bakterien ist aufgrund der längeren Harnröhre zwar unwahrscheinlicher, aber nicht ausgeschlossen.

Phimose

Bei manchen Jugendlichen ist die Vorhaut rund um die Eichel des Penis noch zu eng. Das führt zu Spannungsgefühl oder –Schmerz, wenn sich viel Blut in den Schwellkörpern und der Eichel befindet. Ein weiterer Negativpunkt ist, dass die Hygiene unmöglich wird: man kann sich die Region zwischen Eichel und Vorhaut nicht säubern und es entwickelt sich ein Belag, der leicht bakterienbehaftet sein und eine Entzündung hervorrufen kann.

Man sollte als Junge hin und wieder die Vorhaut nach hinten ziehen, damit sie sich weitet. Vielleicht ist es nicht ganz so leicht, sie wieder nach vorne zu bekommen, wenn sich die Eichel verdickt. In dem Fall sollte man die Eichel wie einen Schwamm zusammendrücken, dadurch fließt das Blut ab und nun sollte die Vorhaut wieder leicht in den Ruhezustand geschoben werden können.

Hilft alles nicht, muss während einer Operation die Vorhaut beschnitten werden. Meist wird die gesamte Vorhaut entfernt.

Pilzinfektion (Candidose)

Normalerweise herrscht in der Scheide ein ph-saures Milieu, das viele Erreger nicht mögen. Wenn es aber eine Störung der Abwehrlage gibt oder die Hygiene nicht eingehalten wird, kann sich ein Scheidenpilz mit starkem Juckreiz oder Ausfluss ansiedeln.

Die Hygiene wird auch von dem jungen Mann verlangt, der zwischen Eichel und Vorhaut die gleichen Risikoareale besitzt, denn der Pilz fühlt sich in warm/feuchten Gebieten besonders wohl.

Erkrankungen wie Diabetes und Aids oder andere mit Cortison behandelte Erkrankungen, oder Antibiotikagaben, die die Milchsäureflora in der Scheide stören, können zu einer Pilzerkrankung beitragen.

Übrigens darf die Hygiene auch nicht übertrieben werden. Man muss sich immer klarmachen, dass wir auf unserer Haut oder auch in der Scheide immer mit einer im Gleichgewicht befindlichen Bakterienflora leben. Schon seit tausenden von Generationen! Wird sie zerstört, kann sie sich gegen krankmachende Bakterien und Pilze nicht mehr schützen.

Also zu viel waschen ist schädlich, mit zu scharfen Mitteln gegen die natürliche, menschliche Oberfläche zu kämpfen ist falsch.

In Amerika meinte man eine Zeit lang, dass man selbst innerhalb der Scheide mit einer Art Deo arbeiten müsste. Man redete den Frauen ein, dass sie riechen. Doch das ist völliger Blödsinn: wir sind Menschen und riechen natürlich auch so. Diese Botenstoffe und Schutzhüllen brauchen wir, um gesund zu bleiben.

Chlamydien

Chlamydien sind eine Bakterienart, die sich auf alle Schleimhäute legen kann. Bei den Frauen löst sie Juckreiz und Schmerzen beim Wasserlassen oder auch ein Ausfluss aus der Scheide aus. Manchmal sind die Frauen aber auch völlig symptomlos, tragen das Bakterium aber in sich und können es weitergeben. Wenn die Erreger bis in die Niere hinaufwandern, kommt es zu Fieber und Schmerzen.

Bleibt die Infektion bis zu einer Schwangerschaft und sogar bis zur Geburt erhalten, können sich die Babies bei der Geburt z.b. eine Bindehautentzündung oder eine Lungenentzündung zuziehen.

Bei den Männern lösen die Bakterien eine Entzündung in der Harnröhre mit Ausfluss oder eine Entzündung der Nebenhoden aus.

Grundsätzlich ist ein Kondom ein sehr guter Schutz vor der Übertragung auch dieser Erreger.

Herpes

Herpes wird von einem Virenträger weitergegeben. Es bilden sich nach rund zehn Tagen kleine Bläschen und Rötungen auf der Haut, die schmerzhaft und juckend sind. Nach wenigen Tagen platzen die Bläschen auf, die Hautstellen verkrusten und heilen ab.

Gegen Viren helfen keine Antibiotika, sondern es wird häufig ein Mittel Aciclovir eingesetzt. Teebaumöl ist an der Nase und den Lippen sehr wirkungsvoll, wenn es immer wieder aufgetragen wird. So hat man nach einem Tag kaum noch schmerzende Symptome.

Herpesviren bleiben dauerhaft im Körper und treten immer wieder hervor, wenn der Körper besonders geschwächt ist. Die sogenannte Gürtelrose wird auch durch Herpesviren ausgelöst.

Die Bläschen treten auf den Schamlippen, in der Scheide, auf der Eichel und der Vorhaut, aber auch an den Schenkeln und am After auf.

Wie bei jeder geschlechtlich weitergegebenen Infektion ist ein Kondom ein ausgesprochen guter Schutz gegen die Übertragung der Viren und Bakterien. Schon aus Sicherheitsgründen sollte man möglichst häufig ein Kondom verwenden.

Tripper

Tripper oder Gonorrhoe ist eine bakteriell übertragene Erkrankung, die zu Ausfluss und Schmerzen beim Wasserlassen führen kann. Aber viel schlimmer sind die Spätfolgen, wenn man die Erkrankung nicht mit Antibiotika behandelt: Prostata, Bauchfell, Eileiter, das Herz, aber auch das Gehirn können befallen werden. Durch diese Erkrankung kann man auch seine ganze Lebensqualität zerstören oder sogar ums Leben kommen! *Der eitrige Ausfluss ist also eine deutliche Aufforderung, den Arzt aufzusuchen.* Vorbeugend sollte ein Kondom verwendet werden.

Syphilis (Lues)

Auch dies ist eine bakteriell übertragbare Geschlechtskrankheit, die durch *Geschwüre an Penis und Schamlippen und eine Lymphknotenschwellung* auf sich aufmerksam macht. Später kann sogar das Nervensystem zerstört werden. Also handelt es sich auch hier um eine *lebensbedrohende Erkrankung.* Die aus den Geschwüren austretende Flüssigkeit ist hochansteckend!

Antibiotika über zwei bis drei Wochen sind die einzige Chance, die Erreger abzutöten. Vorsorglicher Schutz ist das Kondom und nicht dauernd wechselnde Geschlechtspartner.

Diese Krankheit, genauso wie die anderen Geschlechtskrankheiten, haben sich früher wie eine Epidemie unter den Menschen ausgebreitet, weil es keine schützenden Möglichkeiten gab. Die Weitergabe der Krankheitserreger an die Neugeborenen war nicht selten.

HIV oder AIDS

Nun kommen wir zu der *menschenmordenden Krankheit* überhaupt. Sie wird über *Blut, Samenflüssigkeit, Scheidensekret und Muttermilch* übertragen. Und zwar müssen die infizierten Sekrete über eine *winzige* Wunde in den Körper eines weiteren Menschen eintreten, was meist durch Geschlechtsverkehr geschieht.

Aids wird nicht über Speichel, Tränensekrete, Schweiß oder ausgehustete Tröpfen übertragen.

Dass ein Mensch, der an Aids erkrankt ist, nicht so einfach mit einem anderen Menschen Geschlechtsverkehr haben darf, ist selbstverständlich. Denn er spricht damit das Todesurteil über den anderen aus.

Warum? Weil die Folge von Aids die schlimmsten Krankheiten sind, die man sich bei den Menschen vorstellen kann. Grund dafür ist, dass der Körper fast komplett seine Abwehrfähigkeit verliert. Die Sekundärerkrankungen können andere Menschen anstecken, z.B. kann eine Lungenentzündung durch Aushusten von Tröpfen in die Lunge eines anderen gelangen und ihn mit dieser Krankheit infizieren.

Die vielen schrecklichen Folgeerkrankungen kann man in Fachbüchern und im Internet nachlesen.

Das Einzige, was wirklich hilft ist Abstinenz, Kondome und ein Gespür für die Symptome und Hinweise, die die Kranken zeigen, um sich von ihnen so weit fernzuhalten, dass man sich nicht ansteckt.

Endometriose

In der Gebärmutter gibt es ein sehr intelligentes Schleimhautmaterial, das genau auf die Hormonveränderungen im Körper reagiert. Einmal im Monat wird die Schleimhaut abgestoßen und kann sich neu aufbauen.

Man stelle sich aber vor, dass ein Teil der Schleimhaut nicht in der Gebärmutter, sondern z.B. in der Nase oder im geschlossenen Bauchraum liegt. Was passiert? Man hat einmal im Monat für einige Tage Nasenbluten oder eine größere Menge Blut im Bauchraum.

Das Blut aus der Nase läuft einfach ab, aber das Blut im Bauchraum müsste abgebaut werden und könnte vorher Organe beengen. Fieber und Schmerzen wären normal und äußerst unangenehm.

Genau das passiert bei der Endometriose!

Man kann die verstreute Schleimhaut nur operativ entfernen. Warum diese Schleimhaut im Körper verstreut ist, ist nicht klar. Eine alternative Behandlung ist die Gabe von Hormonen, so dass es nicht zum Monatszyklus und damit nicht zu den Blutungen kommt.

Scheidentrockenheit

Man stelle sich einmal einen Motor vor, in dem die Kontaktstellen zwischen Zylinderwand und Kolben nicht durch einen Ölfilm geschmiert würden. Die Folge wäre nach sehr kurzer Zeit ein Motorschaden.

So ähnlich ist es bei der Scheidentrockenheit.

Durch fehlende Hormone wird der natürliche Gleitfilm in der Scheide nicht produziert, die empfindliche Haut reibt bei jeder Bewegung aufeinander und löst erhebliche Schmerzen aus. Ein Geschlechtsverkehr wäre eine Qual! Der Scheideneingang und die Wände würden Risse bekommen und anfangen zu bluten.

Ein Arzt verschreibt Gleitcremes, um das Sekundärproblem zu lindern. Aber der eigentliche Ansatz muss das Hormongleichgewicht sein!

Lesben und Schwule

Lesben sind Frauen, die Frau lieben. Schwule sind Männer, die Männer lieben.

Auf der Erde sollen rund 1-2% Lesben und Schwule leben. Es wird aber von rund 10 % der Bevölkerung gesprochen, wenn es darum geht, ob man eine gleichgeschlechtliche Person sexuell anziehend findet.

In der Tierwelt ist es bekannt, dass es schwule und lesbische Paarbildungen gibt. Die Menschen sind also genetisch im Rahmen.

Es gibt viele Länder auf der Erde, in denen gleichgeschlechtliche Menschen verfolgt und bestraft werden. Belächelt und ausgegrenzt werden sie noch deutlich häufiger.

Sich zu seiner Liebe zum gleichen Geschlecht zu bekennen (Coming-Out), hat häufig schwere Folgen für die sich bekennende Person. Der soziale Ausschluss kann bei der betroffenen Person bis zum Selbstmord führen.

Lesbische oder schwule Paare leben ähnlich harmonisch zusammen wie sogenannte heterosexuelle Paare. Da die Personen aber viel größere Probleme mit der eigenen Entwicklung und Identitätsfindung hatten, sind sie häufig deutlich sensibler und rücksichtsvoller veranlagt, was sich in einer Partnerschaft auswirkt. Sie streicheln und befriedigen sich wie Mann und Frau.

In Deutschland und anderen Ländern versucht man lesbische und schwule Paare rechtlich genauso zu behandeln wie heterosexuelle Paare. Es wird inzwischen erlaubt, dass diese Paare Kinder adoptieren und aufziehen dürfen.

Aber es gibt genug Länder – insbesondere afrikanische oder islamische – die sie bis zum Tod verurteilen.

In den Religionen tut man sich äußerst schwer, schwule und lesbische Paare oder Personen zu akzeptieren.

In den gleichgeschlechtlichen Partnerschaften bildet sich üblicherweise eine dominante und eine unterwürfige Person aus.

In der Geschichte und auch in der Kunst sind Beschreibungen und Darstellungen von gleichgeschlecht-lichen Partnerschaften weit verbreitet. Aber es gab immer wieder Zeiten, in denen die Personen verfolgt und weggesperrt, die Bücher und Bilder konfisziert und zerstört wurden.

Als Grund für die gleichgeschlechtliche Veranlagung wurden in der Wissenschaft genetische, aber auch hormonelle oder soziale/erziehungsbedingte Gründe gesucht. Tatsächlich gibt es keine klare Erklärung!

Schwangerschaft

Definition
Wenn sich eine Eizelle mit einer Samenzelle zusammengetan und sich die Eizelle in der Schleimhaut der Gebärmutter eingenistet hat, wächst langsam ein neues Leben aus den Gensätzen der Mutter und des Vaters.

Feststellung
Das Ausbleiben der Monatsblutung, Übelkeit und Erbrechen sind unsichere Schwangerschaftszeichen.

Die Anzeige auf einem Stick, der das HCG-Hormon im Urin oder Blut feststellt, ist ebenfalls nicht wirklich sicher, aber doch sehr wahrscheinlich. Ab dem 14. Tag nach der Befruchtung kann der HCG-Test unter dem Urinstrahl ansprechen. Man benutzt am besten den Urin am Morgen.

Erst ein Ultraschallbild kann als sicherer Hinweis dienen, dass eine Schwangerschaft vorliegt. Auf dem Bild erscheint der Embryo häufig erst, wenn die Schwangerschaft schon fünf und mehr Wochen besteht.

Dauer
Bei allen auf den folgenden Seiten beschriebenen Unannehmlichkeiten für die Mutter ist zu bedenken, dass es sich um völlig normale Veränderungen im Körper der Mutter handelt - über tausende Generationen hinweg üblich.

Eine Schwangerschaft dauert ab der Empfängnis im Durchschnitt 38 Wochen oder 268 Tage. Die Zeit kann aber auch um ein paar Wochen länger oder kürzer sein.

Doch üblicherweise ist der Ausgangspunkt für die Berechnung der letzte Menstruationsbeginn und darum geht man dann von 280 Tagen oder 40 Wochen aus. Um die Geschichte komplett undurchsichtig zu machen, werden die 9 üblichen Monate dann noch zu 10 Mond-Monaten gemacht, in denen jeder Monat nur 4 Wochen enthält und die restlichen Tage schon dem nächsten Monat zurechnet.

Es kommen nur sehr wenige Kinder zu dem tatsächlich berechneten Geburtstermin zur Welt, also ist die ganze Rechnerei nicht viel Wert. Doch der Mutterschaftsurlaub richtet sich nach dem errechneten Termin. Ob die Mutter dann viel zu viel oder zu wenig Mutterschaftsurlaub hatte, ist ohne Belang.

In den ersten Wochen verändert sich die Hormonlage der jungen Mutter rasant, was sehr häufig zu heftiger Übelkeit und bei etwa der Hälfte auch zu Erbrechen führt. Mit fortschreitender Schwangerschaft hören diese Symptome aber meistens auf. Die Brust wächst und erzeugt ein Spannungsgefühl. Es kommt zu Heißhungerattacken, Müdigkeit und Stimmungsschwankungen. Nach zwei Monaten ist der Embryo erst etwas größer als einen Zentimeter. Das Herz schlägt doppelt so schnell wie das seiner Mutter. Nach rund 10 Wochen ist der Embryo mit Gliedmaßen ausgebildet und rund 6 Zentimeter groß.

Das zweite Drittel der Schwangerschaft verläuft für die werdende Mutter deutlich entspannter und ausgeglichener. Die Übelkeit lässt nach, die Wahrscheinlichkeit einer

Fehlgeburt wird deutlich geringer. Pro Woche nimmt die Mutter rund 250 Gramm an Körpergewicht zu; es können sich Wassereinlagerungen an Armen und Beinen bilden.

Sodbrennen ist möglich, weil sich die Gebärmutter immer weiter vergrößert und den Magen zu einer Lageveränderung zwingt. Der Darm und die Lunge haben weniger Platz, es kann zu Kurzatmigkeit kommen. Der Rücken schmerzt und die Beine müssen ein immer größeres Gewicht tragen. Weil der Rückfluss des venösen Blutes aus den Beinen erschwert ist, kann es zu Krampfadern kommen.

Gegen Ende der Schwangerschaft dreht sich der Fötus mit dem Kopf nach unten. Die Mutter hat zwischen 10 und 15 kg zugenommen. Der Fötus wiegt gut 3000 Gramm und ist rund 50 cm groß. Der Kopf hat einen Durchmesser von rund 10 cm.

Die Geburt kündigt sich durch erste Wehen und durch den Abgang des Fruchtwassers an. Jetzt ist es Zeit, das Krankenhaus aufzusuchen oder die Hebamme zu rufen.

Nach der Geburt dauert die Rückbildung des Körpers der Mutter fast so lange wie die Schwangerschaft selbst: Bauchdecke, Gebärmutter, Scheide, Hormonhaushalt.

Das empfundene Glück und der Stolz auf den kleinen Nachkommen wiegt alle Last der Schwangerschaft auf.

Jetzt allerdings beginnt erst die verantwortungsvolle, manchmal anstrengende, beglückende und motivierende Zeit der Erziehung des kleinen Kindes.